AF315958

ESPRIT
DES STATUTS
ET RÉGLEMENS

De l'Académie Royale de Peinture & de Sculpture, pour servir de réponse aux Détracteurs de son Régime.

TANT que l'Académie de Peinture & de Sculpture n'a été calomniée dans son régime, que par un très-petit nombre d'Artistes, qui n'en ont pas pénétré l'esprit, elle a dû gémir en silence sur l'égarement de quelques-uns de ses Enfans, dont les mots sacrés de *liberté* & d'*égalité* mal entendus par eux, ont offusqué la raison. Mais aujourd'hui que cette calomnie a circulé jusques parmi les Représentans de la Nation, & que l'un d'eux a, en quelque sorte, dans leur auguste Assemblée, dénoncé les Statuts de l'Académie de Peinture comme tyranniques & vexatoires, on croit devoir élever la voix pour elle, non pour la justifier, (elle n'en a pas besoin, elle a suivi des loix, auxquelles elle a fait serment d'obéir); mais pour articuler la vérité, désabuser nos Législateurs, & démontrer la sagesse de ses réglemens & de son institution.

Ils seront bien surpris ceux qui soutiennent que les bases fondamentales de l'Académie de Peinture & de Sculpture reposent sur le despotisme, qu'elles sont contraires aux droits de l'Homme, à la liberté & à l'égalité des Citoyens, quand on leur prouvera que le régime, sous lequel, depuis plus de 140 ans, la France a vu fleurir les Arts dans son sein avec plus d'éclat, qu'en aucune contrée de l'Europe, est positivement le même, que va suivre la France entière, grace aux Decrets de l'Assemblée Nationale.

Tous les membres de l'Académie sont égaux *en droit*, c'est

A

par un mérite éprouvé, & à la pluralité des suffrages, que l'on obtient *des grades* & *des fonctions* dans le Corps.

S'il est quelques réglemens rigoureux, ils sont respectables même par leur sévérité, puisqu'ils tendent tous au bon ordre ou à l'émulation. Non-seulement les élèves, joûtent entr'eux, pour obtenir des distinctions, mais les Maîtres eux-mêmes sont soumis à des concours pour avancer en grade. Voilà les épreuves salutaires à l'émulation & à l'épuration du talent, que quelques Académiciens, qui veulent en secouer le joug, présenteront comme opposées à la liberté : ce sont au contraire des Loix sages contre le relâchement, des Loix conservatrices des Arts, & qui soutiennent l'activité des Artistes, comme les Decrets de l'auguste Assemblée, vont ranimer & faire éclore les talens & les vertus dans toutes les classes des Citoyens.

Puisque c'est de l'abus des mots d'*égalité* & de *liberté* qu'est venu l'espèce de dissention élevée entre les simples Académiciens & les Dignitaires de cette Compagnie, qu'il nous soit permis d'en parler un moment.

La liberté n'est pas la liberté de tout dire & de tout faire, comme le croit le Peuple mal instruit. Là finit la liberté de chacun de nous, où commence la contrainte, la terreur, le péril & le dommage pour les autres. Alors la liberté devient licence, & la licence enfante tous les maux & tous les crimes de la terre. La liberté précieuse à laquelle nous devons veiller tous, même aux dépens de nos jours, comme au feu sacré, gardé par les vestales, est celle qui nous maintient dans la possession de toutes nos jouissances légitimes, sans crainte d'être troublés par des Hommes injustes & puissans.

Nous sommes égaux, & nous voulons l'être, s'écrient ceux qui, ne pouvant s'élever de leurs propres aîles, veulent remettre tous les Hommes sur la même ligne.

De combien de fléaux, les mal entendus de toute espèce ont inondé cet aveugle univers ! faut-il que cette Loi divine de fraternité universelle, consacrée par nos Législateurs, soit si mal interprêtée. Oui : tous les hommes font égaux ; mais *en droit*. Par là conquête de notre liberté, tous les François ont le droit d'af- pirer à tous les emplois par leur mérite. Tous ont un droit éga à la protection du Gouvernement, comme tous doivent, en proportion de leur fortune & fans exemption, contribuer aux charges de l'Etat, & à la profpérité de la chofe publique. Mais fi nous fommes tous égaux en droit, nous ne pouvons pas plus l'être en *grades* & en *fonctions*, que nous ne le fommes de force, de vifage, d'humeur, d'efprit, de talens & de vertus. Les Hommes raffemblés en peuple, ne font abfolument égaux entr'eux qu'à la naiffance & à la mort. Mais, dans le cours de leur vie, ils prennent leur place, ou on la leur donne. Hors de ces deux époques, l'égalité abfolue des hommes feroit deftructive de toute fociété. Quel fervice retireroit-on d'une Armée compofée de tous Fufiliers, ou de tous Capitaines? Dans l'une on fe battroit à qui commanderoit, & dans l'autre à qui n'obéiroit pas. Comment a-t-on pu fuppofer un moment, que cet abfurde fyftême d'égalité abfolue dans tous les points pût être entré dans les idées de l'Affemblée Nationale! elle qui a pofé les limites de tous les pouvoirs? a-t-elle dé- truit la Hiérarchie eccléfiaftique, les grades militaires? N'a-t-elle pas au contraire fixé des conditions pour être Electeur & Eligible? N'a- t-elle pas créé des degrés dans les Municipalités? donné des Privilèges & même des décorations aux Maires? fans doute il faut dans un Etat, pour y communiquer le feu électrique de l'émulation, des diftinctions & des rangs comme des prix propofés à la vertu & aux talens, & un empire fera monté à fon plus haut point de gloire, quand ce ne feront plus que les talens & les vertus, qui obtiendront les emplois & les diftinctions.

On s'étonnera fans doute que nous élevions nos regards fur de fi grands objets pour les ramener fur le régime d'une petite fociété d'Artiftes; c'eft que les nouveaux roüages de la vafte machine de l'Etat font abfolument les mêmes, que ceux qui, dès fa naiffance, font mouvoir notre Corps. Nous y jouiffons, comme tout Citoyen doit jouir dans l'Etat, d'une liberté qui connoît des bornes; & d'une égalité, qui n'exclut point les grades. Et pourtant on a porté la prévention ou la mauvaise foi jusqu'à soutenir que notre corporation étoit inconstitutionnelle, parce qu'elle blessoit les droits de l'Homme. Quelle déclamation emphatique & dénuée de sens & de vérité! quelle seroit en effet une corporation, qui blesseroit les droits de l'Homme? Celle qui se réserveroit le Privilège exclusif d'exercer tel ou tel Art. L'Académie de Peinture & de Sculpture ne défend point à ceux qui ne sont pas de ses Membres de peindre & de sculpter; elle ne l'a jamais fait, & elle le feroit encore moins, depuis qu'en 1776 le Roi a rendu la liberté aux Arts, comme les prémices des droits qu'il a rendus à son Peuple. L'institution de l'Académie est si opposée au systême d'exclusion, qu'elle est *illimitée*, & qu'avec une capacité reconnue suffisante, Régnicoles & Etrangers, tous Artistes, y sont reçus. En quoi peut blesser les droits de l'Homme & la liberté, une association où l'on se présente librement, & que l'on quitte, si l'on veut, comme il en est des exemples? c'est en dire assez, ce nous semble, pour détruire des reproches si mal fondés.

Mais pourquoi, dira-t-on, tous ces grades & ces distinctions dans l'Académie de Peinture, lorsque toutes les Compagnies de même espèce ne connoissent de dignité & de fonction, que celle de Directeur & de Secrétaire.

Pour répandre de la lumière sur les détails, qui vont suivre, il faut savoir d'abord que l'Académie de Peinture & de Sculpture ne ressemble en rien aux autres Académies, qui sont des lieux de repos, où l'on est appellé en quelque sorte par le Public lui-même, après avoir donné des preuves répétées de mérite par des travaux connus. Ceux qui s'exercent aux joutes du théâtre, du barreau ou de la chaire, ou d'autre genre de littérature, arrivent à l'Académie françoise, précédés & désignés par une réputation dès long-tems acquise. Les portes de l'Académie des Inscriptions & Belles-Lettres s'ouvrent à ceux qui dans l'Histoire ont fait des découvertes appuyées sur des monumens de l'antiquité, ou qui se sont rendus savans dans la connoissance des Langues anciennes ou étrangeres.

L'admiffion à celle des Sciences eft la récompenfe des Gens déjà fameux dans la Méchanique, la Phyfique, la Chymie, l'Aftronomie, ou autres fciences. Enfin l'incorporation à l'Académie d'Architecture ne s'accorde qu'à ceux qui ont élevé des monumens, ou fait des Traités favans fur cet Art. Ces Compagnies font, en un mot, des efpèces de Tribunaux, où l'on juge des queftions relatives à la pureté de la Langue françoife, à des époques de l'Hiftoire ancienne, à des fyftêmes différens fur les fciences, & à des demandes fur les édifices conftruits, à conftruire ou à réparer.

Une place dans ces Académies eft donc une couronne décernée à un homme déjà célèbre. L'adoption au contraire de l'Académie de Peinture fait entrer l'Artifte en réputation, & les victoires multipliées qu'il remporte au Sallon accroiffent fa renommée.

Loin d'être un lieu de repos, l'Académie de Peinture eft un Collège, en plein exercice, qui ne prend jamais de vacances, & dont l'émulation des Maîtres & des Elèves eft le principe de vie, & l'Ecole publique la bafe fondamentale.

C'eft du befoin reconnu d'une Ecole publique qu'eft née l'Académie : pour que cette Ecole fît profpérer les Arts, & fructifier toutes les branches d'induftrie fans nombre, qui tiennent au deffin, il falloit y enfeigner les bons principes, ils ne pouvoient l'être que par les plus habiles Gens. Ils fe raffemblerent d'eux-mêmes, & brifant le joug aviliffant de la Maîtrife, Lebrun, le Sueur, Bourdon, Sarrazin & les grands Artiftes du fiècle paffé ouvrirent une Ecole du modèle à leurs dépens, & à ceux même des Etudians. Louis XIV érigea en Académie cette affociation d'Artiftes dans l'Année 1648, mais il ne put alors doter cet établiffement : ce ne fut que quelques années après qu'il lui affigna un logement & une penfion de mille livres, pour le luminaire & les frais des modèles. Cette penfion a depuis monté jufqu'à quatre mille francs, avec lefquels on paya pour la première fois des honoraires aux quatre Recteurs, aux douze Profeffeurs, & au Secrétaire.

Dans ces commencemens beaucoup d'Artiftes médiocres vinrent se joindre aux Hommes célèbres, dont nous venons de parler ; mais ceux-ci voulant purifier le corps Académique pour sa propre illustration, & pour le progrès des Arts, obligerent tous ceux qui avoient déjà siégé parmi eux, d'exécuter des morceaux de réception, & de prouver leur capacité, en déposant de leurs ouvrages dans les Salles de l'Académie. Comme il falloit passer par l'épreuve d'un scrutin, & obtenir les *deux tiers* des voix pour l'acceptation des morceaux, beaucoup se retirerent d'une lice si périlleuse. Cette rigueur parut sans doute à ceux qu'elle effrayoit un acte de despotisme, ce n'étoit qu'un préservatif contre la dégradation de l'Art. C'est peut-être ici le lieu de donner une idée précise du régime de l'Académie & de ses Ecoles, & ce n'est qu'en le connoissant, que l'on peut le juger.

L'Académie, quoique illimitée, n'excède guères le nombre de 120 à 130 Membres. Elle est composée de deux Classes, de celle des Académiciens-Officiers ou Fonctionnaires bornée à environ 45, l'autre sans borne, est formée de simples Académiciens, ayant droit de monter en grade par Election.

Les Officiers sont de deux sortes de Professeurs choisis parmi les Statuaires & les Peintres d'Histoire, & de Conseillers, lesquels sont des Amateurs, des Artistes distingués dans les différens genres de Peinture, ou d'habiles Graveurs. Ces Officiers forment la Classe délibérative & administrative. Les Professeurs jouissent dans le corps de la plus grande considération. On ne les prend jamais que dans les Artistes qui s'adonnent à l'Histoire, soit en Sculpture, soit en Peinture. Or il est bon d'instruire le Public, qui fait peu ces distinctions, que l'Histoire renferme à elle seule tous les genres, & l'on va en deux mots en administrer la preuve.

Supposons le célèbre Lebrun, exécutant le tableau de Porus, amené prisonnier devant Alexandre. La scène du tableau est dans une plaine, il a par conséquent à peindre un lointain, un ciel, des monumens, des arbres, des plantes & des fleurs même s'il s'en trouve, des chevaux & des éléphans, enfin des hommes agités de sentimens divers, & couverts de toutes sortes d'armures. Le voilà, tout-à-la-fois, Peintre d'histoire, de batailles, de payfages, d'animaux, d'architecture, & même de fleurs. On demande d'après cet expofé, fi l'univerfalité des connoiffances, fi l'étendue du génie, que doit poffeder un Peintre d'histoire, ne le met pas naturellement au-deffus d'un Artifte, qui excelle dans un genre borné, auquel il s'applique uniquement. Un Peintre en nature morte, c'eft-à-dire, d'objets immobiles & fans vie, quelque mérite qu'il ait, peut-il dire, je fuis l'égal de Lebrun, puifque je fuis de la même Académie? Pourroit-il foutenir qu'il remplira, comme lui, une place de Profeffeur à l'Ecole du modèle? L'illuftre Vernet difoit, *il faut en favoir bien plus pour peindre l'hiftoire que les marines. Je crois, puifque le Public le veut, que je vaux mieux que certain Peintre d'hiftoire, du fecond & du troifième ordre. Mais il vaut mieux que moi pour tenir les Ecoles.* Propos digne d'un Artifte d'un vrai mérite, & qui connoît toute l'étendue de l'art & fes immenfes difficultés.

Au refte, la juftice rendue à Vernet, eft celle que nous aimons à rendre à tous les Peintres de genre, qui n'ont jamais difputé le pas à ceux de l'hiftoire, & qui conviennent que c'eft à elle feule qu'appartient l'enfeignement des Ecoles. La diftinction que nous venons de faire, n'eft que pour informer le Public, que les Artiftes Hiftoriens font les colonnes de notre Académie. On fent bien que ces Artiftes en Hiftoire n'y font pas tous de même force; les différens genres qu'elle renferme ne font pas même égaux entr'eux. Après l'Hiftoire, il eft des genres qui exigent plus de favoir les uns que les autres, tel que le portrait en grand, qui avoifine l'hiftoire, ou qui, pour mieux dire, en eft un démembrement. S'il eft des degrés, l'égalité n'eft donc pas parfaite.

Comme nous avons dit que l'Ecole étoit la bafe de l'Académie & l'émulation le *Palladium* contre la ruine de l'Art; pour le prouver, nous allons faire paffer l'Artifte depuis fes études aux écoles jufqu'à fon entrée à l'Académie, & de fon entrée aux grades dans le Corps. Ce tableau explicatif vaudra mieux que tous les raifonnemens.

Marche de l'Elève dans les Ecoles, & du Maître dans l'Académie.

Tous les jours de l'année, excepté les Dimanches & Fêtes, un modèle nud, mis en attitude par le Professeur en mois, tient cette attitude pendant deux heures. Ce modèle, selon les ombres & les clairs, offre des aspects plus ou moins intéressans; & invite de le saisir plutôt d'un côté que d'un autre. Eh-bien! on a fait du droit de choisir les places les plus avantageuses; un motif d'émulation parmi les Etudians. On les fait, deux fois par an, concourir pour obtenir ce droit. Ceux qui ont exécuté, à l'Ecole, les meilleurs dessins ou bas-reliefs, sont appellés à leur rang de mérite, & choisissent les premiers les bonnes places, les derniers appellés n'ont que les places de rebut.

A cette première lutte, entre les Elèves, on en ajoute une autre. On adjuge, tous les trois mois, des médailles aux Etudians Peintres & Sculpteurs, qui ont fait les meilleures figures. Ceux qui ont obtenu l'une des médailles, c'est-à-dire, la première, la seconde, ou la troisième, ne concourent plus aux places. La classe des Médaillistes entre, avant le peuple des étudians, par une porte d'honneur, dite des médailles.

Mais, pour ne point décourager les simples Etudians, ni occasionner de tiédeur parmi les Médaillistes, tous les Elèves, indistinctement, sont appellés au concours annuel du grand prix. Ils ne sont admis à concourir qu'après plusieurs épreuves de leur capacité. Ces prix, dont un premier & un second dans la Peinture & dans la Sculpture consistent en médailles d'or. Ceux qui ont remporté les premiers prix sont d'ordinaire envoyés à l'Ecole Académique de Rome par le Roi; ils y sont nourris & pensionnés par Sa Majesté, pendant plusieurs années. C'est là qu'ils se perfectionnent, & qu'ils s'efforcent à mériter de s'asseoir à l'Académie à côté de leurs Maîtres.

Lorsqu'à leur retour, les Elèves, Pensionnaires du Roi, rapportent de bons ouvrages, & qu'on leur en a vu faire de nouveaux à Paris; appuiés d'un Présentateur, qui est ordinairement leur Maître, lequel répond de leurs bonnes mœurs, ils font

apporter

apporter plufieurs Ouvrages à l'Affemblée de l'Académie. On va aux voix, & les *deux tiers*, comme nous l'avons dit, leur valent le titre d'*Agréés*. La Loi ne leur accorde que pendant trois ans ce titre, c'eft-à-dire, l'avantage de fe dire Peintre & Sculpteur du Roi, & d'expofer leurs productions au Sallon : paffé ce terme, ils en font déchus par leur négligence à s'occuper de leur morceau de réception, pendant les trois ans qui leur font accordés pour cela.

Malgré le defpotifme, dont les méchans accufent fauffement les Officiers, la Loi ne s'obferve pas par eux à la rigueur, puifqu'il eft plufieurs de ces Agréés qui, depuis plus de 38 ans, négligent d'exécuter leurs morceaux de réception. La tolérance de l'Académie, & la négligence des Agréés à cet égard eft fi grande, que de ces Agréés, qui font au nombre de 44, il y en a tout au plus fept qui foient en droit, aux termes de la Loi, de fe vanter de tenir encore à l'Académie.

Lorfque ces Agréés préfentent des morceaux trop foibles pour obtenir les fuffrages fuffifans, ils perdent tout, & font obligés de préfenter de nouveaux Ouvrages, pout être réintégrés dans cette claffe d'Expectans à l'Académie.

Cette Loi, qu'on peut dire rigoureufe, quoique préfervative du relâchément, eft une de celle, à laquelle les Officiers, *de leur propre gré*, que l'on dépeint comme des defpotes, demandent quelques adouciffemens, parce qu'ils penfent qu'un habile homme peut, dans un morceau, fe montrer inférieur à lui-même, & qu'il eft cruel, pour un moment de foibleffe, de le dépouiller de tout. Or voilà la conduite de ces Tyrans, qne quelques Agréés, (car c'eft le très-petit nombre,) ofent calomnier publiquement. Mais nous reviendrons fur cet objet dans un autre lieu, pourfuivons notre marche.

Lorfque les Artiftes agréés préfentent des morceaux de réception, qui obtiennent la faveur du fcrutin, ils font reçus Académiciens, prêtent ferment d'obferver les Statuts, & de *maintenir dans le Corps l'union & la paix*, & ils prennent féance.

B

Il leur reste encore des vœux à faire, ils ont des grades à ac-
quérir. Comme simples Académieiens, ils n'ont que la voix con-
sultative, & ne l'ont délibérative que pour des grands prix,
ou autres prix fondés par des Particuliers. Le desir d'avoir la
voix délibérative dans tous les cas les encourage à se soutenir
dans leur talent, pour entrer dans la classe des Officiers, soit
comme enseignans aux Ecoles, soit comme Conseillers. Enfin
la voix délibérative dans tous les cas est pour nous la Croix
de Saint-Louis. Que diroit-on, si on la donnoit à un Sous-Lieutenant en entrant dans un Régiment. Ce Sous-Lieutenant peut
sans doute avoir autant de valeur & de science, même dans l'art
de la tactique, que son Colonel; mais on exige, avec raison,
des preuves réitérées de son savoir & de son courage, & quand
il est fait pour arriver à tout, & qu'il a un esprit d'ordre &
de justice, il voit, sans impatience & sans murmure, lorsqu'il
se couvre de lauriers, ses anciens décorés se reposer sur les
leurs, & jouir d'une considération due à leur service, à leur
expérience & à leur âge. Ces distinctions sont au contraire pour
lui une perspective agréable & consolante. Il se dit à lui-même,
quand j'aurai perdu ma jeunesse & mes forces, l'estime & la considération m'attendent au bout de ma carrière. Tel est, tel a
été de tout tems notre régime, tel il doit être toujours. Les Elèves
dans nos Ecoles, les Maîtres dans l'Académie, doivent sans cesse
aspirer à monter, les uns en obtenant des prix, & les autres
des grades; si l'on s'écarte de ce principe essentiel d'émulation,
notre Corps tombera dans l'inertie & le sommeil.

Non-seulement, comme nous le disons, pour l'émulation, il
y auroit de grands inconvéniens à tout accorder aux nouveaux
venus, mais même cette précipitation pourroit amener des re-
pentirs. Combien en a-t-on vu briller pendant quelques années,
comme des météores, & disparoître pour jamais? Il faut donc
prendre conseil du tems, pour appeler les Modernes à l'admi-
nistration. D'ailleurs tel illustre son corps par de grands talens,
à qui il manque celui de le gouverner.

Autre danger; dans la chaleur de l'âge, & fur-tout dans la jeuneffe des Artiftes, dont les paffions font ordinairement vives, on eft fujet aux préventions pour & contre. Un Jeune-homme devenu tout-à-coup le Juge de fon compagnon d'étude, peut écouter les infinuations de l'amitié, ou des petites haines.

Enfin, dans tous les tems, nous avons vécu à l'Académie, au moyen de l'Ecole publique, non fous un régime defpotique, mais paternel, qui n'exifte pas dans les autres Académies, où lorfqu'on y entre, on n'y voit que des égaux & des amis, tandis que dans la nôtre, nous avons pour confrères les Maîtres, fous la difcipline defquels nous avons étudié. L'éducation pour l'art que nous recevons de nos Anciens, nous infpire pour eux du refpeɛt & de la reconnoiffance, comme les Anciens font attachés aux Modernes, parce qu'ils regardent leur talent comme le fruit de leurs leçons.

Ne pourroit-on pas perdre à changer un fi bel ordre de chofes? Ceux qui s'en plaignent, font des fils ingrats, qui veulent fe mettre à la place de leurs Peres, qu'ils déclarent incapables de remplir leurs emplois, comme fi l'expérience de nos fautes même ne nous affermiffoit pas dans nos principes; comme fi ceux à qui l'âge a ôté l'exécution, n'avoient pas la faculté de donner d'excellentes leçons à la jeuneffe, à qui d'ailleurs ils en impofent par leur âge; comme fi l'âge même détruifoit tout-à-fait le talent. Oublient-ils, ces ingrats, que Lebrun a fait les batailles d'Alexandre à 60 ans, & que le Directeur actuel de l'Académie fait encore, à 74 ans, des ouvrages, où les jeunes peuvent puifer des leçons. Ces jeunes, quand la vieilleffe viendra les affaillir, trouveroient-ils bon qu'on leur ôtât les logemens & les graces dont ils jouiffent pour les donner à d'autres.

Si leurs talens font tranfcendans, qu'ils enfantent de nouveaux chefs-d'œuvre, qu'ils brillent avec plus d'éclat encore dans les expofitions publiques, nous faifons des vœux pour leur gloire. Qu'ils forment d'excellens Elèves, qu'ils acquerrent de la célébrité & des richeffes, perfonne ne leur en interdit les moyens; car qu'importe au Public, que leur importe à eux-mêmes d'être Gradués dans le Corps? Le plus beau grade eſt le talent. Qu'ils le mettent à profit tandis qu'il eſt dans toute ſa force. Leur tems ſera mieux employé qu'à mordre le ſein de leur mere, qu'à vouloir, ſous le faux prétexte de la liberté, mais, par un eſprit de domination, élever autel contre autel.

Mais puiſſent-ils, ramenés à des idées plus ſaines & plus fraternelles, attendre, ſans marquer d'impatience, que les places d'honneur ſoient vacantes! ils y ſeront ſûrement appellés, car il n'eſt jamais arrivé qu'un Artiſte d'un vrai mérite, ne ſoit point entré dans la claſſe adminiſtrative & délibérative des Officiers.

Nous avons promis plus haut de donner la raiſon du grand nombre des Officiers & d'une claſſe adminiſtrrtive. Elle eſt ſimple, ce ſont les beſoins de ſes Ecoles & la quantité de ſes Membres: puiſque le Corps eſt illimité, il eſt nombreux, & dès-lors il a beſoin d'une adminiſtration pour le régir. Tous ſes Membres ne pourroient pas être tous Adminiſtrateurs, le trop grand nombre d'Adminiſtrateurs embarraſſe & ralentit l'adminiſtration. L'Aſſemblée Nationale a reconnu ce principe dans l'organiſation des Municipalités, puiſqu'elle a rendu la claſſe adminiſtrative & délibérative, bien moins nombreuſe que celle conſultative. Elle n'a créé que ſeize Adminiſtrateurs & le Maire pour toute la Capitale. En fait de Corps politique, plus la maſſe eſt grande, moins il faut de moteurs pour éviter la confuſion.

De peur de trop étendre l'analyſe du régime de l'Académie, nous renvoyons à la lecture des Statuts, c'eſt-là que des eſprits calmes & non prévenus verront par-tout, à quelques changemens près-qu'amènent les circonſtances, des règles ſages de diſcipline & des précautions pour prévenir le relâchement, & pour entretenir le zèle & le travail.

Mais, avant de finir, pour diſculper les Officiers de l'Académie de l'accuſation de tyrannie envers les Académiciens leurs Confreres, nous allons expoſer les faits, qui ont été dénaturés dans un écrit intitulé : *Mémoire ſur l'Académie Royale de Peinture & de Sculpture*, *par quelques-uns de ses Membres.* Plusieurs Journaux mal informés, ont été l'écho des mal intentionnés, les Auteurs de ces papiers périodiques seront convaincus qu'ils ont été trompés.

Exposé succint de la conduite des Officiers envers les Académiciens, appuyé de pièces justificatives.

L'attaque dirigée contre les Officiers de l'Académie par quelques Académiciens (car nous rappellons toujours que c'est le plus petit nombre) commença par un lettre adressée à M. Vien, Directeur de l'Académie & premier Peintre du Roi ; mais qui étoit imprimée avant qu'il en eut connoissance. Elle étoit remplie de déclamations & de faits mal posés, parce qu'en effet l'Auteur étoit mal instruit. Il croyoit que toutes les graces émanoient des Officiers, & qu'elles étoient distribuées entr'eux seuls. Ils n'en ont jamais été les dispensateurs, & elles se répandent indistinctement sur les Officiers, les Académiciens & même les Agréés, quoiqu'ils ne soient pas partie intégrante de l'Académie. Mais, comme l'Auteur de ce Mémoire en a témoigné ses regrets, & que la classe administrative des Officiers a passé l'éponge sur tout, il ne seroit pas convenable de retracer ce qu'elle a voulu qui fut effacé.

Quoiqu'il en soit, cette lettre est devenue l'étincelle d'un feu, qui a éclaté peu de tems après. Quelques Académiciens, qui crurent, ou à qui on fit croire qu'ils étoient humiliés par les Statuts donnés par le Roi, notre Fondateur, notre Protecteur immédiat, & notre Bienfaiteur infatigable dans toutes les différentes époques de notre talent, quelques Académiciens, disons-nous, lassés des Statuts, qu'ils ont fait serment d'observer lors de leur réception, se sont assemblés au nombre de vingt-trois à l'insçu du Corps, & ont apporté à l'Assemblée du 5 Décembre 1789, un Mémoire en forme de délibération faite entr'eux, à l'effet de demander la révision des Statuts, & la réforme des abus, *s'il y en a.*

L'Académie, par amour pour la paix, malgré la minorité bien décidée dans la classe des Académiciens, de *vingt-trois* sur environ *soixante-douze,* a fait sur-le-champ l'arrêté suivant.

Extrait des Regiſtres, du 5 Décembre 1789.

« La claſſe de MM. les Académiciens ayant demandé, par un
» Mémoire à l'Aſſemblée, la réviſion des Statuts, & la réforme
» des abus, *s'il y en a*, l'Académie, qui, dans une Séance précé-
» dente a ſuſpendu juſqu'à nouvel examen, un Statut rigoureux,
» a vu avec plaiſir que MM. les Académiciens veuillent bien l'aider
» dans ce travail important. Elle les a invités en conséquence
» d'apporter des Mémoires motivés ſur cet objet, & de les remettre
» dans les mains de M. le Directeur. MM. les Officiers ſe propoſant
» auſſi de travailler ſur cette matière, feront auſſi la remiſe de
» leurs obſervations à M. le Directeur, qui deſirant l'union entre
» Artiſtes, dont le ſentiment le plus vif eſt de ſoutenir la gloire
» de l'Ecole Françoiſe, convoquera alors une Aſſemblée générale,
» dans laquelle on trouvera les moyens de concilier les eſprits &
» de faire régner dans la Compagnie une concorde fraternelle. Le
» tout ſera communiqué à M. le Directeur-général, pour être mis
» ſous les yeux du Roi. »

Les Réclamans applaudirent à cette délibération. Ils tinrent
enſuite des conférences multipliées dans l'Académie pour fixer les
points capitaux de leurs demandes. On attendoit de leur part des
Mémoires motivés, quand l'un d'eux, le 30 Janvier de cette année,
lut, en leur nom, des obſervations & les remit ſur le Bureau.
Les Officiers n'y virent qu'une répétition de leur première demande
de réviſion, & une irréſolution marquée à donner des Mémoires.
Les Officiers, à l'Aſſemblée du 6 Février, les invitèrent à ſe con-
former aux vues d'une délibération applaudie par eux-mêmes.

Pendant l'eſpace de la première à la dernière Aſſemblée de
Février, ceux des Académiciens mécontens, qui ont toujours
été le petit nombre, ſe préſentèrent à la Commune de Paris,
mais accompagnés de quelques Agréés, *qu'ils avoient auparavant
écartés de leurs conférences tenues à l'Académie* (les Agréés ſont des
aſpirans à l'Académie, mais qui n'en ſont pas, puiſqu'ils n'en ſont
pas reçus, qu'ils n'y ont pas ſéance, & qu'ils peuvent en être
refuſés,) après leur apparition à la Commune, ils publièrent dans

1ʒ

les Journaux des reproches mal fondés contre les Officiers, qui gardèrent le plus profond silence.

Tandis qu'ils se préparoient à faire la guerre aux Officiers pacifiques, le Directeur, M. Vien, aussi recommandable par ses talens, que par sa probité & la douceur de ses mœurs, s'occupoit des moyens de les vaincre par l'honnêteté des procédés, & ils ne furent pas peu surpris, quand, le 27 Février, il ouvrit la séance par ces mots :

Extrait du 27 Février.

Je m'étois flatté, MM. les Académiciens, que les Séances réitérées que vous avez tenues ici, vous mettroient à même de nous faire part de la disposition de vos demandes, par un Mémoire signé, comme nous en étions convenus, & comme il est juste, parce que c'est à ceux qui se plaignent de s'expliquer. Mais les choses n'étant pas jusqu'ici, comme je l'aurois desiré, voilà Messieurs, ce que je propose, & j'espere que MM les Officiers, nos Confreres, portés ainsi que moi pour la paix, qui doit régner parmi des Artistes faits pour s'aimer & s'estimer, ne me désapprouveront pas. Je propose de nommer des Commissaires dans les deux Classes, en nombre égal. Mais comme les Commissaires ne sont que des Mandataires, qui ne peuvent agir sans mandats, MM. les Officiers & Académiciens qui ont des vœux à former, enverront leurs cahiers cachetés à l'un des Membres de leur Classe, ou à moi, s'il le jugent à propos.

La proposition du Directeur calma tout, & l'Assemblée du 6 Mars fut convoquée généralement pour élire des Commissaires de part & d'autre.

Le 6 Mars, en effet, on alloit procéder à ces nominations, quand M. David, Artiste d'un grand mérite, mais égaré sans doute par des esprits turbulens, & qui s'étoit déjà déclaré hautement chef des mécontens, annonça une députation imprévue des Agréés, ayant M. Robin à leur tête. (*Voyez à la fin.*) M. Robin voulut prouver que les Agréés, sans être reçus, sans avoir séance, & dans l'incertitude d'être reçus, avoit le droit de

nommer des Commiffaires de leur côté. On l'invita de remettre
fon Mémoire, il s'y refufa, fous prétexte qu'il étoit mal écrit. En
conféquence, on ne ftatua rien fur cet objet.

Mais la demande des Agréés ayant fait élever des doutes fur la
queftion de favoir, fi l'on fufpendroit, ou fi l'on procéderoit à la
nomination des Commiffaires dans le jour même, & ces doutes
s'étant élevés dans la feule Claffe des Académiciens, les Officiers
inviterent MM. les Académiciens à aller feuls au fcrutin. Il fut
décidé à la majorité de 32 fur 10, que l'on nommeroit fur-le-champ
des Commiffaires.

En conféquence fix Commiffaires furent nommés de part &
d'autre, à la pluralité des fuffrages. M. David, qui fut nommé
Commiffaire, & qui avoit voté pour les élections; déclara feul
qu'il proteftoit & fe retira.

A la féance fuivante, du 27 Mars, il fut lu un Mémoire de quelques
Agréés, qui n'étoit point le difcours prononcé par M. Robin,
mais qui annonçoit les mêmes prétentions. Après la lecture,
MM. les Académiciens, que M. Robin affuroit être tous du même
avis, demanderent d'aller aux voix: ils y allèrent, fans le concours
des Officiers, M. Robin & les Agréés de fon parti eurent fix voix
en leur faveur, & 23 contr'eux.

On lut enfuite une proteftation fignifiée par Huiffier à l'Académie,
en la perfonne de M. Vien, Directeur, non de la part des Académiciens, ni des Agréés, mais de cinq Académiciens, dont
M. David eft à la tête, comme Préfident, & de l'autre huit Agréés
conduit par M. Robin, & dont quelques-uns fe font défiftés
depuis.

Il ne refte donc plus du parti de M. David, que ce petit nombre
pour combattre environ cent Artiftes qui fe réuniffent pour pro-
jetter des Satuts d'une manière plus agréable à tous, fans perdre
de vue l'émulation, ce pivot de l'Art & de fes progrès.

Le travail des douze Commiffaires eft fini; il s'eft fait avec beaucoup de concorde, il a été lu & applaudi à l'Affemblée générale
du 5 Juin dernier, & chaque article va être mis à la difcuffion &

fans

fans préjudice des Statuts actuels , les Officiers & Académiciens voteront indiſtinctement & conjointement ?

Apperçoit-on , dans la conduite des Officiers envers leurs Confreres, rien d'hoſtile & de tyrannique ?

Loin que les Académiciens-Officiers & les ſimples Académiciens ſoient déſunis, il y a lieu de croire que l'amour de l'Art, du bon ordre, & le deſir de conſerver l'Emulation , préſideront à la rédaction du nouveau Plan de Statuts.

Note sur les Agréés.

C'est envain que les Agréés prétendent former une troiſième Claſſe dans l'Académie. Leur état eſt purement précaire, puiſqu'ils peuvent le perdre d'un jour à l'autre, par incapacité ; & la loi même qui leur a accordé des avantages, les retire au bout de trois ans, s'ils ont négligé l'exécution de leur morceau de réception. Rien pour eux n'a le caractère d'un droit conſtant. Tout à leur égard eſt de grace & de condeſcendance ; ſi on leur a permis d'expoſer leurs œuvres au Sallon , c'eſt dans le louable deſſein de faire connoître leurs talens au Public, s'ils étoient ci-devant impoſés à la Capitation avec le Corps, c'étoit pour leur en alléger le poids. Ils ne font point dénommés dans l'Almanach Royal, comme faiſant partie du Corps , c'eſt une Claſſe d'expectans. Elle n'a eu une forte d'exiſtence & ne s'eſt accrue que par les circonſtances , & par la bienveillance naturelle de l'Académie pout tout Artiſte qui donne des preuves de talent.

Qu'il ſoit permis, en deux mots, de remonter à l'origine. Ceux qui connoiſſent l'Hiſtoire de l'établiſſement de l'Aca démie,ſavent combien elle a été tourmentée à ſa naiſſance, & plus de cent ans après par la Maîtriſe de Saint-Luc. A peine un Artiſte arrivoit-il de Rome, que les Maîtres Peintres couroient chez lui eſcortés d'un Commiſſaire & de ſes ſuppôts. Alors ces Artiſtes, preſque tous Elèves de l'Académie ſe réfugioient vers elle. Ils apportoient de leurs Ouvrages, ſi on étoit content, on leur ordonnoit des mor-

C

ceaux de réception. Les Maîtres Peintres, indignés de ce que ces Artistes leur échappassent, alloient jusqu'à signifier à l'Académie, que passé tel temps, ils resaisiroient ses Elèves. L'Académie, pour imposer silence à leurs persécuteurs, couvrit ses Elèves de ses ailes & leur permit de se dire Peintres & Sculpteurs du Roi provisoirement, malgré les Statuts, qui disent expressément, que nul ne prendra ce titre qu'il ne soit admis dans la Compagnie, & que nul n'est censé du Corps, qu'il n'ait ses Lettres de provisions, qui ne lui seront délivrées qu'après qu'il aura donné son morceau de réception.

Cette condescendance a produit un grand abus, le plus dangereux de tous, le sommeil de l'émulation. Que se sont dit alors à eux-mêmes les Agréés : on nous permet de nous dire Peintres & Sculpteurs du Roi, nous exposons nos Ouvrages au Sallon, & qu'aurons-nous de plus étant de l'Académie? très-peu de chose. Nous nous épargnons d'ailleurs la fatigue & les frais d'un morceau de réception, & l'inquiétude de son succès ; & là-dessus ils se sont endormis. Ce fait incontestable prouve bien d'une manière invincible, qu'il faut se garder, dans une Compagnie active comme la nôtre, d'accorder trop aux nouveaux venus. Le même sommeil prendroit aux Académiciens, si d'entrée de jeu, ils jouissoient de la voix délibérative dans tous les cas.

Puisque le Roi, en 1776, a, comme nous l'avons dit, rendu la liberté aux Arts, il ne semble plus y avoir de raison pour laisser subsister désormais la classe somnifere des Agréés.

Signé, R E N O U, *Peintre du Roi & Secrétaire perpétuel de son Académie de Peinture & de Sculpture.*

Ve HÉRISSANT, Imprimeur des Bâtimens du ROI, & de l'Académie Royale de Peinture & de Sculpture. 11 Septembre 1790.